Título original: BABY DRONTE

Provença, 101 - 08029 Barcelona
info@editorialjuventud.es
www.editorialjuventud.es

Traducción de Christiane Reyes y Élodie Bourgeois
Primera edición, 2008
Depósito legal: B. 25.309-2008
ISBN 978-84-261-3685-5
Núm. de edición de E. J.: 12.045
Printed in Spain
A.V.C. Gràfiques, Avda. Generalitat - 39 Sant Joan Despí

Peter Schössow

Bebé Dodo

editorial juventud
Barcelona

Durante muchos años, el capitán Horatio Lüttich y sus muchachos habían remolcado a los grandes navíos con el *Krautsand*. Entraban en el puerto y volvían a salir. El *Krautsand* ya no era nuevo, pero hasta entonces había funcionado bien.

Hasta aquel maldito lunes…

... cuando el motor falló
por culpa de la tempestad.
El capitán no pudo esquivar
la gran baliza. El *Krautsand*
empezó a hacer agua y encalló.
A duras penas el capitán y
sus muchachos consiguieron
llegar a tierra en medio de
las olas rugientes y de los
relámpagos zigzagueantes.

Pero lo peor estaba por venir.

«¡Cuarenta y nueve mil treinta y cuatro euros con sesenta y cuatro céntimos! Estamos acabados», pensó el capitán Lüttich. Hacía un rato, Gerd Mackeprang, de la casa Mackeprang & Hijos, astilleros desde 1823, les había dado el presupuesto del rescate y las reparaciones.

«Se acabó –pensó el capitán–. ¿De dónde podríamos sacar tanto dinero?»

Muertos de frío, el patrón y sus muchachos se fueron a casa.

Pasaron los días y ahora Lüttich tenía mucho tiempo para pasear. Sin remolcador, él y su tripulación no tenían trabajo.

¿Qué iban a hacer? ¿Desguazar el remolcador? ¿Y qué pasaría con los muchachos?

¿Qué sería de la vida de Paul Zausenke, cocinero y factótum de a bordo? ¿Y de la de Hans-Ulrich Krittel, el maquinista, que ni siquiera dejaba que alguien le alcanzara el aceite lubricante?

Mientras sus escasos ahorros fueran suficientes, no se separarían, pero ¿y después?

De repente, el capitán Lüttich descubrió un huevo en la arena. Allí, a orillas del río, no era raro encontrar un huevo. Vivían gaviotas y otras aves similares, pero lo cierto es que no solían dejar a sus futuras crías abandonadas de esa manera. El huevo era más grande que todos los que el capitán había visto hasta entonces, y tenía unas extrañas manchas. Lüttich se llevó el huevo a casa…

Coco

Pero el huevo no interesó a nadie.

–Mejor que comamos antes de que se enfríe la cena –chilló Zausenke.

Y Krittel volvió a fijar la mirada en el río, como iba haciendo desde hacía varios días.

El capitán Lüttich se fue a la cama pronto. En ninguno de sus libros encontró información sobre el huevo. No tardó en quedarse dormido.

En medio de la noche,
un grito despertó a Zausenke
y Krittel.

El capitán estaba sentado en
la cama, desconcertado, y
frente a él había algo mojado
y arrugado. Ese algo graznaba
«¡Mamá!» mirando a Lüttich
con ojos expectantes.

–¿Qué es eso? –preguntó
Lüttich estupefacto.

–Tanto da lo que sea;
tiene hambre –afirmó
Zausenke desde la cocina
donde ya preparaba algo
para comer.

Parecía que al polluelo
–tenía que ser un polluelo,
ya que después de todo tenía
pico y plumas– le gustaba
la comida.

–¡Mamá! –graznó dirigiendo
una mirada radiante al
capitán.

Zausenke le puso el nombre
de «Bebé» y Krittel repartió
puros para celebrar el
acontecimiento.

A partir de entonces, Bebé siempre los acompañaba. Paul Zausenke cuidaba de él, aunque a Bebé sólo parecía interesarle el capitán; pero a éste le ponía muy nervioso el incesante «¡Mamá!».

Una noche, Lüttich y Krittel
miraban las noticias en
televisión, y Zausenke había
preparado un piscolabis.
El cocinero casi dejó
caer la bandeja al oír una
noticia. ¿Qué acababa de
decir la periodista? Se estaba
buscando un huevo…
¡Estaban buscando *su* huevo!

Un grupo de entomólogos especializados en mariposas, dirigido por el profesor Müller-Malowsky, había encontrado el huevo por casualidad en la isla Mauricio. De inmediato los científicos empezaron a consultar libros de ornitología. Y rápidamente quedó claro que se trataba de un hallazgo excepcional: era un huevo de dodo. Pero resulta que los dodos se extinguieron hace ya 300 años.

Era imposible encontrar los pájaros que habían puesto el huevo. Y ahora, además, el huevo había desaparecido. Sencillamente, durante el viaje de vuelta se había ido por la borda.

–Se pagará una cuantiosa recompensa por la recuperación del valioso huevo –anunció la periodista–. Y ahora seguimos con el tiempo…

–¡Cincuenta mil! –exclamó el capitán–. ¿Sabéis lo que eso significa? Con eso podríamos poner el *Krautsand* a flote otra vez. ¡Muchachos, vamos a entregar el pájaro!

Esta vez Zausenke soltó la bandeja. Todas las protestas de los muchachos resultaron vanas.

–Lo que quieren es el huevo –refunfuñó Krittel.

–No se menciona a Bebé –añadió Zausenke.

Pero el capitán se mantuvo inflexible.

–Si un huevo vale cincuenta mil para esa gente, pagarán lo mismo por el pájaro.

Durante la rueda de prensa en el ayuntamiento, el alcalde Piepenbrink presentó a Bebé Dodo al público y luego lo entregó solemnemente al profesor Müller-Malowsky y a su equipo. Bajo las ráfagas de los fotógrafos, el capitán Lüttich obtuvo la recompensa.

–Cin-cuen-ta-mil –balbuceaba–. Cin-cuen-ta-mil.

Los muchachos se habían quedado sin habla.

Pero por poco tiempo.

50.000.-

Ahora que tenían el dinero para hacer las reparaciones del *Krautsand*, el capitán tenía que estar muy contento. Pero Zausenke y Krittel estaban muy enfadados: Lüttich había traicionado y vendido a Bebé Dodo. Krittel estaba tan furioso que tuvo que fumarse todos sus puros. La comida que preparaba Zausenke era igual que su insoportable humor: pésima.

¿Y el capitán? Estaba tan malhumorado que se puso furioso por una tuerca mal puesta. Echaba broncas a los mecánicos por el menor motivo.

El gran río seguía pasando apaciblemente sin verse alterado por la borrasca que se cernía sobre los astilleros.

A pesar de todas las broncas, al cabo de 72 días, el *Krautsand* volvió a ser botado. El pequeño remolcador volvió a arrastrar, como lo había hecho hasta entonces, los grandes buques del puerto.

ANNA

Entrando, saliendo. Saliendo, entrando. Las gaviotas chillando a babor, chillando a estribor. Todo era igual que antes, excepto el ambiente a bordo. El humor de Krittel y la comida de Zausenke iban empeorando cada día un poco más.

El capitán Lüttich tenía unos sueños negros como la pez. Mientras dormía por la noche oía sonar la sirena, y ahogado por aquel sonido, el débil graznido de Bebé Dodo. Para pensar en otra cosa, el capitán se puso a leer *Moby Dick, Los amotinados de la Bounty, El motín del Caine,* y todos los días un montón de revistas.

Y en una de ellas lo leyó: la investigación científica había finalizado. Bebé Dodo iba a ser trasladado al zoo. Horatio Lüttich cerró de golpe la revista y tomó una decisión.

Muy de madrugada el capitán Lüttich reunió a sus muchachos y fueron al parque ornitológico. ¡Vaya! ¡Qué pájaros más raros había allí!: tinamus, camachuelos trompeteros, picogordos vespertinos, serretas grandes, collalbas grises, trepadores corsos, pavas pintadas y muchos más.

Los visitantes sólo estaban interesados en un único ejemplar: el dodo. Bebé estaba solo en un columpio, y se picoteaba tristemente las alitas con su enorme pico. Los visitantes, mientras masticaban cacahuetes, observaban el menor movimiento del pájaro tropical.

De hecho, ya no tendría que existir ningún dodo. Sin embargo, el huevo del que Bebé había salido fue puesto por una madre dodo, ¿o no? Pero ¿dónde estaba? Todo resultaba muy extraño.

Zausenke se abrió camino entre la multitud dando codazos y empujones a Krittel que empujaba a Lüttich hasta que llegaron cerca de la reja. Entonces Bebé Dodo alzó la vista, batió frenéticamente las alas, gritó «¡Mamá!», y clavó unos ojos nostálgicos en el capitán, que estaba perplejo.

–Está claro que Bebé Dodo quiere salir de aquí –constató Zausenke.

Salieron del parque muy
afligidos. Se dirigieron a su
taberna habitual. En fila india.
Todos callados. El «Mamá» de
Bebé Dodo ya no se les iba
de la cabeza.

En la taberna Klaus Störkebeker había un enorme griterío. El club de jugadores de naipes Armonía tenía su encuentro de veteranos, Marlene Gröschel celebraba su quincuagésimo cumpleaños, y encima acababa de irrumpir un grupo de turistas. La taberna estaba abarrotada y con una espesa humareda. La música del tocadiscos aullaba. Sólo Marlene, que atendía a los clientes y a las cuentas, parecía dominar la situación. Sentados en el rincón de la ventana, el capitán Lüttich, Krittel y Zausenke estaban en silencio y cavilaban.

De repente, en medio del jolgorio, el capitán tuvo una idea.

–Vamos a sacar a Bebé Dodo de allí! Y luego… ¡luego podrá irse volando hasta Mauricio!

Krittel y Zausenke se animaron de inmediato.

Dicho y hecho.
Volver al parque ornitológico…
Ir hacia la jaula…
Reventar la reja…
Y salir corriendo…
con Bebé Dodo.

Pero claro, toda la operación no pudo efectuarse en silencio. El vigilante nocturno los descubrió y los persiguió.

–¡Diablos! –dijo Kittel con voz jadeante–. ¡Este tipo cada vez silba más fuerte!

–¡Venga, de prisa,
muchachos! ¡Al remolcador!

Pero a bordo del *Krautsand* tampoco estaban a salvo.

–Por estribor se acerca la policía fluvial –dijo Zausenke jadeando.

–Sí, y a toda prisa –añadió Krittel con aire funesto.

–Sólo hay una solución –ordenó Lüttich–. Vayamos hacia la niebla, con las luces apagadas, hasta la orilla y parad los motores…

–¡Mamá! –gritó Bebé Dodo.

–… y sin decir ni pío –susurró Lüttich.

Los proyectores de la policía fluvial exploraron los márgenes del río sin descubrir el remolcador, aunque pasaron muy cerca.

Habían conseguido despistarla.

Por la mañana temprano,
Lüttich y Zausenke
enseñaron a volar a Bebé
Dodo. Y Bebé Dodo voló…
lo mejor que pudo.
Pero no le salió muy bien.
De hecho le salió fatal.
Bebé apenas removió
un poco la brisa matutina
con sus alitas, meneó la
rabadilla, y sólo consiguió
elevarse unos centímetros
del suelo dando saltitos.

–Quizá los dodos no
vuelan –dijo Lüttich.

–Eso parece, capitán
–gruñó Krittel.

–¡Pues en ese caso llevaremos a Bebé a isla Mauricio! –soltó el capitán.

–¿A Mauricio? ¿Con el *Krautsand*? –exclamó Zausenke.

–¡Desde luego! –dijo Lüttich.

–¡Si hay que hacerlo, se hace y ya está! –murmuró Krittel.

Y salieron a la mar…
hacia el sur.

No se alejaron de la orilla. Recorrieron cientos y cientos de millas hasta el trópico del hemisferio sur. Allí donde una vez al año los rayos del sol caen verticalmente. Día y noche: agua y cielo, cielo y agua. Y en el Cabo de Buena Esperanza todo se mezcla.

En el océano Índico
divisaron la isla Mauricio
en la aurora brumosa.
Después de haber navegado
un buen rato a lo largo
de la costa llegaron a una
bahía apartada.

De repente Bebé Dodo
se puso nervioso: batió las
alitas, gorjeó y zureó…
y súbitamente empezó a soltar
unos graznidos espantosos.

En varios lugares de la bahía algo empezó a moverse. Se oían arrullos, gorjeos y chillidos. Y luego ese graznido polifónico volvía como el eco de la jungla. Desde el monte bajo aparecieron, algo inseguros… ¡los dodos!

–¡Rayos y truenos! ¿Quién lo hubiera pensado? ¡De modo que todavía quedan unos cuantos! –dijo Krittel asombrado.

–Deben de haberse escondido muy bien –dijo Lüttich.

El *Krautsand* fue invadido por las aves. Hasta altas horas de la noche todos celebraron la vuelta a casa de Bebé Dodo…

… que encontró allí a su verdadera mamá.